PAYSAGE DU NYASSALAND. — BORDS DE LAC.

LA « CHARTERED » DANS L'AFRIQUE ORIENTALE

I

C'est, probablement à date prochaine, l'Afrique orientale qui sera le théâtre des grands conflits d'influence coloniale entre les puissances européennes dont les possessions s'avoisinent aujourd'hui : Angleterre, Allemagne, Portugal. Déjà, depuis nombre d'années, des changements considérables ont eu lieu dans cette partie de la carte du continent noir, et l'on peut prévoir qu'un nouveau remaniement s'y effectuera bientôt. La question de l'Égypte et du Nil, dont l'affaire de Fachoda n'est qu'un incident, important il est vrai, mais laissant surtout entrevoir les difficultés futures qui surgiront en amenant des complications ; la question du Zanzibar qui va se rouvrir, en modifiant la sphère d'action des ambitions réciproques anglaise et allemande; la question de la baie de Delagoa, qui fera se heurter de nouveau les intérêts britanniques, d'une part, et les droits portugais, de l'autre; l'achèvement du plan, presque complet, du blocus, de la République sud-africaine du Transvaal par les positions anglaises, qui la tiennent à peu près enfermée, grâce à l'annexion d'abord du Cap, puis du Natal et du Zoulouland au sud, du Béchuanaland méridional et septentrional à l'ouest, du Matabéléland au nord, en attendant que la prise du pays de Gaza, de Lourenço-Marquès et de la baie de Delagoa permette à l'Angleterre de fermer définitivement à l'est sa ligne de circonvallation : autant de problèmes qui recevront, sans doute avant peu, une solution impliquant, suivant toute vraisemblance, l'accroissement de la prépondérance anglaise et allemande partagée, en faisant disparaître graduellement l'occupation portugaise. Le moment n'est pas éloigné où cette solution interviendra fatalement, et la conséquence directe de l'annulation du Portugal en Afrique orientale sera la victoire de tous les desseins machinés, ourdis, poursuivis avec autant d'audace que de ténacité par la *Chartered* et par celui qui en reste toujours l'âme, M. Cecil Rhodes.

II

Les débuts de l'expansion britannique dans l'Afrique orientale remontent aux découvertes et explorations de Livingstone, mais ils se rattachent directement à l'histoire de l'Afrique australe, dont les premiers événements datent, pour l'Angleterre, du commencement des guerres de la Révolution.

Quand Barthélemy Diaz eut planté au Cap le padrao portugais en 1486, sans autre utilité pour le Portugal que d'y établir un point de relâche pour ses vaisseaux cinglant vers l'Extrême-Orient, les Hollandais, plus pratiques, n'avaient pas tardé à se fixer là où ils pouvaient s'arrêter à mi-chemin de leur empire des Indes, mais ils ne colonisèrent en réalité la contrée qu'au profit des Anglais, qui s'en emparèrent dès qu'ils en eurent l'occasion, après la conquête de la Hollande par Napoléon. Cette mainmise, exercée sous le prétexte d'opérations stratégiques à opposer à celles de la France, devait demeurer définitive. Il en fut de l'occupation anglaise du Cap comme de celle de l'Égypte plus tard. Le provisoire, une fois ses racines jetées et ancrées, s'éternisa et la prescription fit le reste. Les missionnaires avaient là, comme ailleurs, précédé l'œuvre politique en jalonnant les routes. La « London Missionary », la « Wesleyan », la « Glasgow Missionary », sociétés zélées autant qu'entreprenantes, préparèrent la conquête par l'évangélisation. Ces missionnaires, qui s'établirent d'abord chez les Cafres, puis chez les Bushmen, les Zoulous, les Bechouanas, les Matabélés, etc., en s'avançant sans cesse vers le nord, et en initiant les naturels à la culture du sol, aux arts manuels, à l'industrie rudimentaire, furent, on ne saurait l'oublier, les éclaireurs et les pionniers, frayant la voie à la domination anglaise du Cap à la région des lacs. C'est à eux, et principalement à Livingstone que l'Angleterre doit avant tout sa suprématie dans le sud et dans une partie considérable de l'est de l'Afrique.

Cependant, la tâche toute pacifique des « semeurs de la foi » perdit son caractère lorsqu'ils furent remplacés par l'administration coloniale appuyée sur les armes. Les luttes éclatèrent presque aussitôt entre les Anglais et les naturels, et là où elles ne vinrent pas assez vite, on les provoqua dans un but bien calculé d'avance. Certains faits en fournirent, d'ailleurs, l'occasion. Les divisions intestines des populations indigènes occupant tout le territoire compris entre les monts Drakenberg et l'Océan, depuis la baie d'Algoa jusqu'à la baie de Delagoa, favorisèrent les visées du gouvernement du Cap. Dès 1834, il s'interposa dans ces querelles, qu'il fit tourner à son profit. Quand les Cafres alliés aux Hottentots dévastèrent les établissements des colons, en razziant les troupeaux et en massacrant les habitants, les troupes anglaises attaquèrent les pillards, les défirent sans peine et annexèrent le pays à la colonie anglaise. Ainsi, de pacification en pacification, le Cap étendit ses limites. En 1843, il prit le Natal, qui le rapprocha du Zoulouland, et en 1887 ce dernier, après l'écrasement des dernières forces de Cettiwayo, était déclaré terre britannique.

L'accaparement de tout le sud de l'Afrique entrait dans les plans anglais, mais ceux-ci furent contrariés par l'attitude des Boërs, qui maintinrent leur indépendance. Ces Boërs, d'origine hollandaise, passionnés pour la liberté et émigrés dans l'Afrique méridionale au siècle des guerres de religion qui désolèrent les Pays-Bas, ont conservé le profond attachement de leurs pères à leurs croyances et à leurs principes. Ne voulant pas subir le joug britannique après la conquête du Cap par l'Angleterre, ils étaient allés fonder une république voisine du Natal et l'appelèrent État libre d'Orange. En 1848, une bataille sanglante entre les Boërs et les troupes du Cap à Bloomplatz, où les colons hollandais essuyèrent de grandes pertes, mit fin à cet État, qui eut le sort du Natal. Prétorius, un des chefs des vaincus, en rassembla les débris, et franchissant avec eux le Vaal, borne de l'État libre, pénétra dans la région inexplorée où il fonda la « Zuid Afrikaan republiek » (république sud-africaine), à laquelle il donna le nom de Transvaal et dont Pretoria devint la capitale.

Les Anglais ne se lassèrent pas de poursuivre les Boërs qui, trop faibles pour résister victorieusement, durent subir l'annexion de leur nouveau territoire. Mais les vaincus nourrissaient la pensée de s'affranchir de cette autorité et espéraient en saisir bientôt le moyen. Ils réussirent dans ces projets et, en 1853, le gouvernement anglais dut reconnaître l'autonomie des deux républiques hollandaises de l'Afrique australe. Les Boërs n'en étaient pas moins menacés de disparaître sous le flot britannique ; on en a eu la preuve lorsqu'en 1869, la découverte des mines de diamant dans le Griqualand, province de l'État libre, réveilla les convoitises anglaises en fournissant un aliment aux contestations territoriales. Le gouvernement du Cap éleva des prétentions arbitraires sur ces champs où s'édifiaient des fortunes colossales et les réunit à ses possessions *manu militari*. C'en était fait de l'État libre au point de vue économique. Le Transvaal courut les mêmes périls et, malgré l'énergie des hommes qui étaient à la tête de la république, il ne put conjurer l'orage. L'insuccès de sa campagne contre les Basoutos en 1877, le désaccord entre les Boërs eux-mêmes, augmentèrent les complications d'une situation très périclitante. La même année, le gouverneur du Natal, Shepstone, n'eut qu'à se présenter à Prétoria pour proposer le protectorat britannique ; ses conditions furent acceptées (1).

Ce n'était, toutefois, qu'une soumission avec espoir de se reprendre. La guerre du Zoulouland, le désastre des Anglais à Isandhlwana, le refus du gouvernement du Cap de donner au Transvaal des institutions parlementaires, secondèrent les efforts des Boërs, sous la conduite de Krüger, Joubert et Prétorius, pour reconquérir leurs avantages. Ils se révol-

(1) Voir le n° 14 de la *Bibliothèque des voyages : les Basoutos*, par Frédéric CHRISTOL.

tèrent, et, victorieux à Majuba-Hill en 1881, ils purent ressaisir leur liberté. L'Angleterre la leur avait surtout enlevée, parce qu'elle voulait s'établir chez eux pour atteindre plus facilement la baie de Delagoa et le port de Lourenço-Marquès sur lesquelles ses plans avaient été déjoués en 1879 par la sentence arbitrale de Mac-Mahon, qui s'était prononcé en faveur des Portugais, possesseurs du port et de la baie.

La politique de Gladstone, alors au pouvoir, vint en aide aux Boërs. Le traité signé à Pretoria le 3 août 1881 et complété par la convention de Londres du 27 février 1884, reconnut sous certaines réserves l'indépendance de la jeune république du Transvaal et confirma les stipulations relatives à l'autonomie de l'État libre d'Orange. On aurait pu croire à la durée de cet accord si les Boërs n'avaient eu à compter avec la foi punique des Anglais. Celle-ci reparut dès que se répandit la nouvelle de la découverte d'importants gisements aurifères aux environs de Pretoria. Cette source inattendue de richesse économique relevait les finances du Transvaal et lui donnait de si puissants éléments de prospérité que les villes nouvelles s'y multiplièrent dans des conditions de grandeur qui tenaient de l'enchantement. L'Angleterre, et surtout le gouvernement du Cap, regrettèrent d'avoir été si conciliants et ne songèrent plus qu'à déchirer les traités. Ils y auraient sans doute réussi sans l'appui manifestement accordé par l'Allemagne à la république sud-africaine. Déçus ou arrêtés sur ce terrain, ils visèrent aussitôt à se rendre maîtres de tous les avantages que devaient leur assurer les voies ferrées partant du Cap, de Port Élisabeth, d'East London, de Durban, et qui, pénétrant déjà dans l'État libre d'Orange, seraient, si les spéculateurs obtenaient gain de cause, poussées jusqu'au cœur du Transvaal. Mais ce dernier, tributaire pour le moment des Anglais quant au transit de ses produits, ne se laissa pas tenter par les offres spécieuses des entrepreneurs. Au lieu d'accorder la cession du chemin de fer du Cap jusqu'à Johannesburg, le président Krüger s'occupa de réunir les concours financiers pour construire la ligne de Pretoria à Lourenço-Marquès. Cette combinaison était la plus prudente, mais, pour la réaliser, sans lui rien fait perdre de ses bénéfices, il fallait empêcher les railways anglais d'arriver jusqu'au Vaal, frontière entre l'État libre et le Transvaal. Le président Krüger réussit dans cette négociation et l'engagement fut pris par l'État libre de n'autoriser aucune construction de chemin de fer sur son territoire avant l'achèvement de la ligne de Prétoria à la baie de Delagoa.

L'Angleterre n'était pas à bout d'expédients. Les hommes d'État du Cap, ne désespérant pas d'avoir le dernier mot dans la discussion, firent naître la question du Souaziland, petit territoire convoité par le gouvernement de Pretoria, parce que, tout proche du littoral de l'océan Indien, il touche à Lourenço Marquès. Ce Souazi était comme un coin enfermé par le Cap dans le Transvaal. Le Cap offrit à ce dernier d'en faire l'abandon si la république sud-africaine cédait sur le litige des chemins de fer. Il fut convenu, après bien des pourparlers, que la grande ligne anglaise pourrait être poussée jusqu'à Bloemfontein, capitale de la république d'Orange, mais pas au-delà.

III

La part de M. Cecil Rhodes dans ce résultat fut considérable. Peu d'hommes furent aussi remuants, en notre siècle, que celui qu'on a souvent appelé le Napoléon de l'Afrique du sud, et qui réalisa en quelques années une immense fortune politique et financière, quoiqu'il eût débuté dans les conditions les moins favorables à l'audace et à l'ambition. Mais tout lui réussit comme s'il avait été prédestiné. Ses spéculations au Natal, où il organisa les plantations de canne à sucre et de coton, et où il se mit à la tête des sociétés minières, de la compagnie de Beers, qui a le monopole du commerce des diamants dans le monde entier, son entrée au parlement du Cap, son avènement à la présidence du conseil des ministres dans le gouvernement de la colonie, son influence sur les Afrikanders, tout démontra sa supériorité dans la conduite des affaires privées et publiques.

Il fut le fondateur, l'organisateur de la *Chartered*. On désigne ainsi la fusion en une seule *compagnie à charte* des diverses compagnies anglaises de l'Afrique australe. La Chartered acquit son privilège le 29 octobre 1890. C'est la plus puissante société de colonisation que l'on ait jamais créée. Ses statuts lui octroyent des avantages semblables à ceux d'un État. Sa charte lui donne tous droits de souveraineté sur les territoires situés au nord du Bechuanaland britannique, avec un hinterland sans limites. Ce droit implique celui d'établir des colons, de créer des routes, de construire des chemins de fer, d'emprunter en rentes perpétuelles, de battre monnaie, d'avoir un drapeau et des troupes qui, sous l'apparence de police pour le maintien de l'ordre, lui fournissent le moyen de faire usage de la force armée, le cas échéant, pour aboutir à son but. Ajoutons que la Chartered est un instrument dans les mains de l'Angleterre, instrument d'autant plus utile qu'on lui permet un rôle actif et aussi libre que possible, sous la dépendance politique du cabinet de Londres.

Les premiers actes de la Chartered furent de prendre pied sur les immenses territoires qu'on lui ouvrait. Comme une tache d'huile, la Compagnie se répandit rapidement sur toute la partie de la carte du sud Afrique comprise entre le Cap, le sud-ouest africain allemand, l'Afrique orientale portugaise, l'Afrique orientale allemande, l'État indépendant du Congo, l'Angola. Les deux petites républiques des Boërs indépendants, Transvaal et Orange, furent les seules proies qu'elle ne dévora pas.

Il était hors de doute qu'elle ne s'attaquerait pas à l'Allemagne, qui était de taille à lui barrer le chemin, mais elle espérait bien avoir, par l'intimidation ou la force, raison du Portugal, que l'Angleterre n'a pas à craindre en Europe et encore moins en Afrique. Aussi, engagea-t-elle la lutte avec les Portugais presque en même temps sur deux points : dans le Mashona, qu'elle revendiqua comme dépendant du Matébéléland, et dans le Nyassaland, où elle convoitait surtout Blantyre.

Le Nyassaland tire son nom du vaste lac qui fut exploré en 1859 par Livingstone, puis par d'autres voyageurs anglais, Young, Elton et Cotterill, Stewart, qui, successivement, accrurent l'influence britannique dans cette région. Le Nyassa et le Chiré, qui y prend naissance pour porter ses eaux dans le Zambèze, étaient ainsi devenus une magnifique route de commerce. Des stations nombreuses et importantes établies sur les deux rives avaient acquis un développement progressif. Une voie de terre reliait le Nyassa au lac Tanganika. Au centre des villages prospères s'était élevée Blantyre, ainsi nommée du lieu de naissance de Livingstone, et transformée en un établissement qui pouvait être facilement relié à Quelimane.

La Chartered eut le Mashona, le Nyassa et Blantyre. Il lui suffit pour cela de s'immiscer dans la collision de Serpa-Pinto avec les Makololos, de déclarer que ceux-ci étaient sous la protection anglaise, et de faire envoyer par le gouvernement britannique une dépêche menaçant de rappeler son ambassadeur à Madrid. Le gouvernement de Lisbonne s'inclina devant les ordres qu'on lui intimait. Le traité du 11 juin 1891 régla « définitivement » toutes les questions pendantes en Afrique entre l'Angleterre et le Portugal ; dans cette convention, le domaine de la Grande-Bretagne au nord des républiques boërs et du Bechuanaland britannique se trouvait délimité. Il comprenait la Zambézie britannique ou Rhodésia, formée du Matabéléland, du Mashonaland, du Manicaland et du pays des Barotsès, contrées placées sous l'administration directe de la Compagnie anglaise de la Chartered ; l'Afrique centrale britannique placée sous l'autorité d'un commissaire et consul général spécial, et le Nyassaland, administré par des chefs indigènes sous la surveillance d'agents britanniques.

Ainsi s'accomplit la spoliation, qui ne sera probablement pas la dernière, puisqu'on nous annonce aujourd'hui que l'Angleterre négocie avec l'Allemagne, à qui elle rétrocéderait son autorité sur Zanzibar, à la condition d'avoir l'Allemagne pour alliée dans le coup de main qu'elle est impatiente de faire sur Lourenço-Marquès et sur la baie de Delagoa. Car elle sait qu'une fois installée là, le partage de l'Afrique orientale portugaise entre elle et l'Afrique orientale allemande n'est plus qu'une question d'attente. Alors les républiques des Boërs capituleront forcément.

Charles SIMOND.

PRINCE NÈGRE SUD-AFRICAIN.

LA CARAVANE EN MARCHE.

LE NYASSALAND [1]

I

Les Magandjas forment une des plus nombreuses tribus du Zambèze britannique, et le territoire qu'ils ont occupé autrefois est considérable; il commence à cinq ou six milles de la rive droite du Zambèze et s'étend de Missongoué jusqu'aux gorges de Lupata au sud, jusqu'au lac Nyassa au nord.

Il y a peu à dire sur leurs mœurs, qui ressemblent de tous points à celles des autres peuples de la région, et encore moins sur leurs qualités : ils l'emportent sur tous leurs voisins par leur paresse, leur nonchalance et la complète insouciance qu'ils montrent d'augmenter ou non leur bien-être. Si j'ajoute que la race est laide en général et mal douée comme force physique, j'aurai dit à peu près tout sur les habitants.

Le pays, en revanche, est plus intéressant, d'abord parce qu'il est resté inexploré jusqu'en 1891, et ensuite parce qu'il offre un aspect très changeant selon la région que l'on visite.

[1] Ces pages sont extraites de l'ouvrage intitulé : *Du cap au lac Nyassa*, par ÉDOUARD FOA. (Paris, librairie Plon.)

Dans sa partie sud-ouest, le pays des Magandjas est désert; on n'y compte pas un village dans un rayon de trente kilomètres, et le nord des gorges de Lupata n'est couvert que de végétation sauvage et épaisse. Quelques habitants commencent à apparaître quand on se rapproche du Zambèze, dans la sphère qui est sous l'influence effective du gouvernement portugais. Les Jésuites ont passé par là autrefois et y ont laissé d'immenses forêts de manguiers, où l'on peut marcher pendant plusieurs heures à l'ombre d'arbres séculaires. Cette région, quoique très intéressante pour un chasseur et un naturaliste, n'a aucune importance au point de vue du commerce et de l'industrie. Passons donc au centre du pays des Magandjas.

Il est baigné par le fleuve Chiré, qui reçoit de nombreux affluents, et les embranchements du Ziou-Ziou allant au Zambèze.

M'étant trouvé dans la région ou dans ses alentours depuis l'arrivée des Anglais, j'ai pu assister de loin à sa colonisation et à toutes les phases de son développement ; j'ajouterai même que cette étude en vaut la peine, et qu'il n'est pas sans intérêt pour un Français de suivre la façon dont, en quelques mois, un pays sauvage se transforme en une colonie prospère et florissante. Ce n'est pas en restant exclusivement chez nous que nous pourrons faire des observations sur l'esprit pratique et le bon sens que nous reconnaissons nous-mêmes à nos voisins en cette matière, ni apporter à notre système les améliorations dont nous l'aurons jugé susceptible.

Voici en quelques lignes l'histoire de ce qui, ayant été autrefois une partie du pays des Magandjas et des Yaos, constitue aujourd'hui le Nyassaland (1).

Le district bordant le Chiré et arrosé par ses affluents, qui va du lac Nyassa jusqu'à la Ruo pour la rive gauche, et jusqu'à Missandjé (2) pour la rive droite, a été cédé à la *Chartered Company* par l'arrangement survenu entre l'Angleterre et le Portugal en 1890.

A cette époque, à l'exception de deux ou trois négociants et d'un ou deux planteurs de café qui se trouvaient à Blantyre, il n'y avait absolument rien qui annonçât un développement prochain. Les Portugais occupaient militairement Chiromo et avaient plusieurs fois exercé des représailles contre les indigènes. Blantyre n'était que la résidence d'une mission protestante, la *Scotch Church*, installée par Livingstone et baptisée ainsi du nom du village d'Ecosse où est né le grand voyageur.

Blantyre n'avait rien de ce qu'il faut à une ville commerciale et mouvementée : son emplacement était fort mal choisi; son seul avantage était une salubrité relative, en raison de l'élévation des

---

(1) Ce pays a été déclaré protectorat anglais en 1892.
(2) Aujourd'hui surnommé Port-Herald. La frontière est à sept ou huit milles plus bas; elle est indiquée par un poteau en fer.

montagnes sur lesquelles elle est perchée et qui ont près de deux mille mètres au-dessus du niveau de la mer. Il eût pourtant été facile, si on l'eût voulu, de trouver à la même altitude un endroit plus propice à l'érection d'une ville.

Les avant-coureurs de la civilisation furent des agents de la *Chartered Company* qui apparurent vers 1889 et 1890. Il y avait, à vrai dire, un agent consulaire à Blantyre depuis une dizaine d'années; sa présence était, sinon motivée, du moins expliquée par

EN FUITE.

les nombreux missionnaires qui étaient alors établis sur les lacs. En plus des rares négociants et de la *Scotch Church Mission*, limitée au sud du lac, il y avait la *London Missionary Society*, occupant le nord, ainsi que la *Scotch Free Church*.

Aussitôt après la convention anglo-portugaise, le gouvernement de Lisbonne céda à l'Angleterre une concession au Tchindi, avec privilège d'y débarquer les marchandises en transit pour le territoire anglais du Chiré.

Peu après, les fonctionnaires commencèrent à débarquer : receveurs des douanes et des postes, juges de paix, etc., etc. Une milice prise chez les Yaos (1) fournit la police et les corvées, tandis

(1) Yaos, race habitant le sud-ouest et l'est du lac Nyassa, qui a conquis aux Megandjas la région de Blantyre et du Zomba.

qu'un détachement de sicks (1), sous les ordres d'un officier, veillait à la sécurité des Européens.

Ceux-ci vinrent surtout de l'Afrique du Sud, séduits par l'attrait d'un pays nouveau et voulant soit des emplois dans le gouvernement local soit des concessions de terrain pour planter du café. Peu nombreux au début, ils devaient bientôt devenir une véritable population.

Il est à remarquer que, à l'apparition des premiers d'entre eux, il n'y avait dans le pays ni commerce, ni rendement d'aucune sorte. Inconnu en grande partie, il n'avait d'autre importance, à un point de vue purement politique, que sa position géographique : placé sur le chemin des lacs de l'Afrique centrale, il était appelé à bénéficier forcément un jour du développement de ces régions.

Voilà donc la première raison d'être du Nyassaland : il était la porte d'entrée de l'Afrique centrale. On en créa une deuxième en faisant des essais de plantations de café qui réussirent très bien.

Tout cela ne constituait que les avantages futurs du pays. Le gouvernement local voulant un rendement moins aléatoire et plus immédiat, chaque indigène eut à payer par case un impôt annuel en travail, en nature ou en argent, équivalant à 3 fr. 75. Il va sans dire que, la première année, les indigènes se prêtèrent peu volontiers à ces règlements : quelques villages furent brûlés à titre d'exemple, et on confisqua aux habitants ce qu'ils avaient. La deuxième année, la rentrée de l'impôt fut plus satisfaisante, et maintenant elle ne donne plus guère de préoccupation, tellement l'habitude en est prise.

En plus de l'impôt indigène, les ports d'armes, les permis de grande chasse, les droits d'importation et les ventes de terrain ont mis en trois ans les finances locales dans un état très satisfaisant. Si un commerce se développe, ce qui est presque certain, la région y gagnera encore de l'importance, et les revenus en seront augmentés d'autant.

Le Nyassaland a passé progressivement des mains de la *Chartered Company* dans celles du *Foreign Office*.

Aujourd'hui, le nombre des planteurs de café dépasse cinquante individus, ayant environ deux cent mille acres de terrain couvertes de caféiers dont l'aspect est plein de promesses. Le gouvernement local a établi son quartier général à Zomba; l'administration, le tribunal, la recette générale, les postes, sont à Blantyre; les douanes, à Tchiromo; la station navale, au Tchindi : on parle d'un chemin de fer, d'une compagnie de transports. Sur les bords du lac Nyassa, il y a des forts, entre autres le fort Johnston, qui

(1) Milice des Indes.

porte le nom de M. H.-H. Johnston, le commissaire du gouvernement à l'initiative et à l'activité duquel le Nyassaland doit son rapide développement.

Tout cela a défilé devant mes yeux depuis six ans : lors de son arrivée dans la région, en 1892, rien n'annonçait l'état actuel des choses : je vis un pays bien tranquille, habité par des indigènes très paresseux; aujourd'hui, voilà une colonie à demi européenne qui fait chaque jour des progrès. N'est-ce pas très curieux?

J'ai parcouru rapidement le sud du pays des Magandjas inculte et sauvage, l'est qui se civilise; il me reste à parler du nord-ouest, qui touche immédiatement au pays des Angonis, et du centre. Les amateurs de pittoresque aimeraient à visiter cette région. Tchiouta et Missalé : des masses granitiques énormes, d'immenses montagnes, des gorges abruptes, un paysage où l'homme éprouve une admiration involontaire, où il se sent petit et faible devant les gigantesques travaux de la création.

Outre sa beauté, cette région avait un charme tout particulier pour moi : déserte d'êtres humains, elle était fréquentée par conséquent par les grands animaux, que la présence de l'homme fait reculer chaque jour davantage, jusqu'à ce qu'ils disparaissent exterminés.

J'ai eu souvent à ce sujet une idée que quelques-uns pourront trouver absurde ou tout au moins peu pratique, mais dont l'exécution n'est pas impossible. Pourquoi les puissances européennes, qui de tous côtés s'acharnent à démembrer l'Afrique, ne laisseraient-elles pas, d'un commun accord, un coin de terre de quelques milliers de kilomètres où ces pauvres animaux puissent se réfugier sans être inquiétés et où leurs espèces, au lieu de disparaître, se reproduiraient en toute tranquillité? Il y a pour cela plus qu'un motif sentimental ou scientifique : il y a une raison pratique.

Il n'est pas prouvé que l'éléphant africain ne puisse être réduit en domesticité : il l'a été autrefois; pourquoi n'en serait-il pas de même aujourd'hui? Quels services ne pourrait-il pas rendre dans son propre pays, où les distances sont le plus grand des inconvénients? Eh bien! quand la civilisation arrivera au cœur de l'Afrique, alors qu'elle aura le plus besoin de ce précieux auxiliaire, l'éléphant africain aura disparu; il n'existera plus, comme son ancêtre le mammouth, que dans le domaine de l'histoire ancienne. Le rhinocéros blanc (*r. simus*) en est déjà à ce point : il se fait de jour en jour plus rare; il n'est pourtant pas malfaisant dans toute l'acception du mot. L'autruche, la girafe, diminuent également : le zèbre ou les espèces similaires, l'élan, qui pourraient être utilisés comme animaux domestiques, tombent peu à peu sous le fusil de l'homme, et, le jour où le grand problème de la colonisation sera résolu et où l'Afrique sera le vaste champ de travail de l'Europe, il faudra y importer et y acclimater à grand'peine des animaux d'autres régions, après avoir détruit ceux que la nature y avait placés dans le même but. Ceux qui élaborent les législations coloniales devraient être plus prévoyants.

Comme chasseur, j'ai pris une bonne part à cette destruction, j'en conviens; mais ceux qui liront mes souvenirs de chasse verront que je n'ai presque jamais tué pour le plaisir de tuer, et que j'ai vécu de ma carabine pendant plusieurs années. Je n'ai pas à me reprocher d'avoir jamais gaspillé le tribut que je prélevais sur les ressources du pays, et j'estime que ceux-là commettent une mauvaise action qui tuent une pauvre bête pour satisfaire leur orgueil de chasseur et l'abandonnent ensuite aux vautours.

SUR LES BORDS DU ZAMBÈZE.

En m'excusant de cette digression, je reprends le récit de mon séjour dans le nord-ouest du pays des Magandjas.

Entre les divers massifs montagneux se trouvent d'immenses plaines couvertes de hautes herbes, marécageuses en certains endroits, où un homme ne peut marcher qu'à grand'peine. Quelques rivières, appartenant pour la plupart au bassin du Zambèze, sillonnent le pays pendant les pluies, mais elles sont à sec plus de six mois par an.

De temps à autre, sur une haute montagne, un village m'était signalé, et j'allais rendre au chef une visite presque toujours intéressée, pour avoir les porteurs, la nourriture ou les renseignements dont j'avais besoin. Je n'étais pas toujours heureux dans mes tentatives, malgré les longs détours et les ascensions qu'elles me coûtaient. Quelquefois nos entrevues avec ses gens demi-sauvages étaient fort curieuses.

Un jour, un petit roitelet, du nom de Tchimbiri, me fit dire d'attendre à l'entrée de son village parce qu'il allait, disait-il,

HUTTE EN CONSTRUCTION.

venir me recevoir. Cette façon cérémonieuse, à laquelle je n'étais pas accoutumé, ne laissa pas que de m'étonner. J'attendis, néanmoins, à une portée de fusil. Des habitations étaient sur le versant d'une haute montagne; le sentier contournait son flanc, formant une corniche naturelle, d'où on avait un coup d'œil merveilleux : je m'assis à contempler une immense vallée où quelques forêts se détachaient comme des taches noires sur les tons gris des broussailles : un léger brouillard planait au-dessous de nous, tandis que le soleil, commençant à monter derrière notre sommet, couvrait déjà les montagnes en face de sa lumière éblouissante.

Ce beau coup d'œil ne m'occupa qu'un instant; on se blase vite des beautés de la nature quand on vit au milieu d'elles, et je trouvais déjà que mon hôte en prenait à son aise, quand deux vieillards vinrent au-devant de nous et, s'asseyant auprès de moi, me demandèrent si on m'avait fait du mal ou volé quelque chose pour que je vinsse ainsi leur faire la guerre. Je m'efforçai en vain de les rassurer sur mes intentions, et, pendant que les deux bons vieux, qui étaient dévoués sans doute pour leurs concitoyens, parlementaient avec moi, tout le village déménagea lestement, emportant par le versant opposé les poules, les chèvres, qui sont fort belles dans cette région, les provisions et les bagages.

Je ne me doutais de rien; je trouvais seulement les deux émissaires bien bavards : ils me racontaient avec de nouveaux détails la toujours semblable histoire des incursions mafsitis, des vols, des massacres, etc., dont ils avaient souffert depuis quelques années, et, tout en leur disant combien leurs malheurs me touchaient, j'avais essayé en vain d'en venir au sujet de ma visite, qui était d'acheter du maïs et des œufs, s'il y en avait. Enfin je me levai, laissant les ambassadeurs à leur quinzième massacre ou enlèvement de prisonniers, et je me dirigeai vers le village sans plus de discours : du premier coup d'œil, je vis qu'il était désert; mais des feux mi-éteints, des emplacements balayés, des crottins de chèvres frais me montrèrent que c'était depuis fort peu de temps. Comme, d'ailleurs, à notre arrivée et pendant que nous gravissions la montagne, nous avions aperçu du monde et entendu beaucoup de bruit, je compris ce qui en était et je me tournai vers les deux indigènes pour leur demander la raison de cette fuite précipitée. Ils étaient là, tremblants, ne sachant le sort qui leur était réservé, et ils ne répondirent qu'évasivement à ma question.

Je ne pus m'empêcher de rire de ce déménagement : il indiquait des gens vivant sur le qui-vive et en état de se mobiliser au premier signal. Je fis un cadeau aux deux vieillards, les priant de dire au roi qu'il était un imbécile, ce qui se traduit en langue indigène par « être stupide comme une bête des bois ». J'ajoutai que les blancs ne faisaient pas de mal aux noirs sans provocation, et que j'étais venu apporter du calicot pour que les gens du pays s'habillent et pour qu'ils me donnent un peu de maïs. Je partis, les laissants stupéfaits. Ces gens devaient avoir quelque chose à se reprocher, ou bien ils avaient cru à un faux bruit sur notre compte.

Quelques jours après, je fus reçu, au contraire, avec un plaisir évident par le fameux Tchipembéré, le grand roi des Montagnes ou le roi de la Grande montagne. (Je n'ai jamais pu savoir au juste, car il est d'une stature exceptionnelle, et la montagne qu'il habite domine la région.) Ce nègre colossal était, en même temps que roi, un forgeron remarquable : dans cette contrée, d'ailleurs, presque tous les hommes travaillent le fer.

Ce qu'ils en font est simple et utile à tous leurs voisins : ce sont des bêches, des couteaux, des pointes de flèches et de lances, des harpons, des hameçons, des outils de forgeron, pinces, marteaux enclumes, etc., que l'on vient acheter de fort loin. Il est très curieux, quand on parcourt les environs de leurs villages, de voir de tous les côtés les creusets où les forgerons font fondre leur minerai. Ces fonderies primitives se composent d'une grosse tour de pierres recouvertes d'une épaisse couche de terre glaise et surmontées d'un récipient de forme ronde où quatre hommes trouveraient aisément place. A côté de la tour se trouve un échafaudage qui permet aux hommes qui alimentent les foyers d'atteindre l'orifice de la fournaise. Au ras de la terre sont percés de nombreux trous où, au moyen de tubes de terre cuite, des soufflets du pays chassent l'air dans le foyer : un peu au-dessus, un ou deux orifices bouchés en temps ordinaire donnent issue, lorsqu'il y a lieu, à la matière en fusion.

Le récipient intérieur reçoit des morceaux de minerai mélangés à du charbon de bois. Le foyer est alimenté avec du bois pendant plus de huit jours et huit nuits et mis en activé par les soufflets qui entourent l'appareil. Une quinzaine d'hommes sont nécessaires pour accomplir ces différents travaux. Avant d'allumer leur foyer, ils doivent employer des semaines à couper et à transporter la grande quantité de bois que la fournaise dévorera pendant l'opération; et si l'on résume toute la peine qu'une fonte de minerai donne aux forgerons, on s'étonne pas qu'ils vendent leur fer fort cher.

Je ne suppose pas que la quantité de métal obtenue dépasse vingt à trente kilogrammes. La matière en fusion est reçue dans des moules en glaise humide qui lui donnent une forme de barre carrée.

Le minerai de cette région est excessivement riche. En certains endroits, son poids est presque égal à celui du métal pur, et la quantité qu'il en contient est considérable ; il est noir, aussi dur que lourd, couvert d'oxydes sur les surfaces exposées à l'air, et l'eau qui y séjourne se colore de rouille.

« Mamaïne ! (ma mère !) comme cette montagne doit être lourde ! » disait derrière moi un noir en riant, tandis que nous montions chez le seigneur Tchipembéré. Il y avait une heure que nous marchions, faisant à chaque pas rouler sous nos pieds des fragments du pesant minerai.

Après une visite de plusieurs jours, nous reprîmes notre route avec des vivres et des hommes frais, laissant derrière nous ce pays étrange où tout était noir, le sol encore plus que les hommes, où les boussoles affolées ne savaient plus marquer le nord, où le bruit du marteau remplaçait le tam-tam et les fourneaux de fonte les feux de joie.

CHEF INDIGÈNE.

J'emportais quelques souvenirs de ces montagnes noires, et entre autres le marteau dont se servait le chef, marteau qu'il avait fabriqué lui-même et qu'il m'offrit; j'avais aussi acheté contre du calicot des pincettes, des soufflets. Je ne pus m'embarrasser de l'enclume, qui consistait simplement en un morceau de minerai fort lourd présentant une surface plane. Quelques chèvres du pays, fort grandes et fort belles, suivirent, plus ou moins à contre cœur, nos pérégrinations des jours suivants.

Ou pourra voir tous les objets dont je viens de parler au musée ethnographique du Trocadéro, dans les collections que j'ai rapportées de mon voyage; mais je crains bien qu'on n'y trouve aucune trace des chèvres, qui étaient d'une nature moins indigeste et plus nourrissante.

En entrant chez Tchipembéré, nous quittions le pays des Magandjas, peu de temps toutefois, pour revoir des Azimbas (montagnards). Quelques jours après, nous pénétrions chez Mouana-Maroungo, un roi dont la réputation de grandeur, de puissance et d'énergie m'a semblé considérablement usurpée.

Les noirs racontent toujours des choses extraordinaires sur quelqu'un ou quelque chose, simplement parce qu'ils les ont entendu dire par d'autres, et cherchent une occasion d'y ajouter des détails de leur cru. Je devais trouver chez Mouana-Maroungo

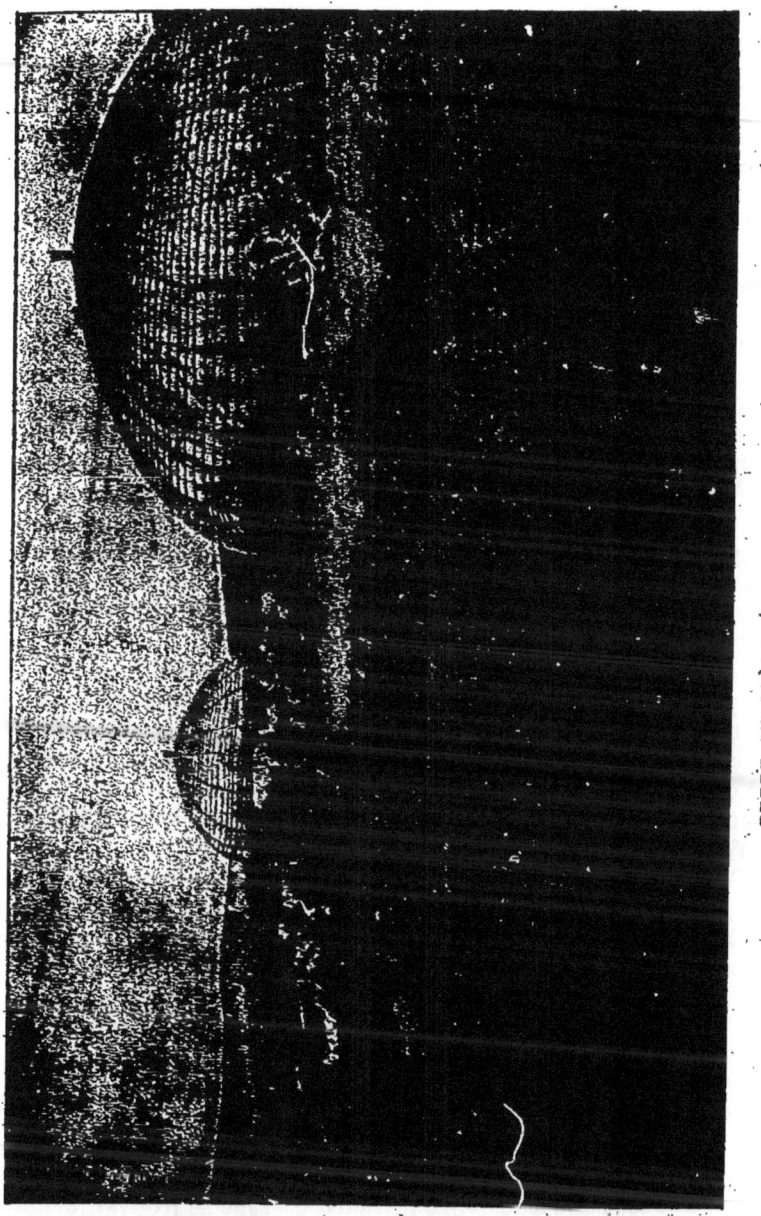

HUTTE INDIGÈNE (AFRIQUE SUD-EST).

des troupes aguerries ayant des fusils et approvisionnées de poudre, deux villages populeux, un jeune éléphant captif à vendre pour un fusil, un baril de poudre et deux pièces de mouchoirs

Madras, beaucoup de patates douces à bon marché, des porteurs à volonté, du grand gibier et spécialement une antilope noire, l'inyala (*tragilaphus Angasi*), que je cherchais en vain. Tout cela était précieux, et cette région était décidément favorisée.

Comme je m'y attendais, les troupes n'existaient pas, et les sujets du grand roi avaient une moyenne de deux fusils et huit arcs sur dix hommes; les deux villages étaient misérables; le jeune éléphant n'avait pas attendu acquéreur: il avait été égorgé comme un veau six mois auparavant et mangé par ces sauvages affamés; les patates douces n'avaient jamais pu croître dans le sol rocailleux du pays; on me fit attendre quatre jours pour me donner quelque quinze hommes; quant à l'antilope noire, je la chercherais encore si le hasard ne me l'avait envoyée quelques mois plus tard.

Cet exemple pris entre mille montre la façon dont on est renseigné en passant dans ces pays: pourtant, lorsqu'on y séjourne et que l'on gagne la confiance des habitants, on peut finir par obtenir des détails moins inexacts.

Mais laissons derrière nous Mouana-Maroungo, traversons le Kamouankoukou (1), affluent du haut Révougoué qui arrose le pays de Makanga, et engageons-nous dans une de ces immenses vallées dont j'ai parlé, qui font oublier pendant quelques heures que l'on se trouve dans la région montagneuse. C'est là que nous arrêtons le lecteur. La suite de cet itinéraire nous conduit aux frontières de Tchikoussi, roi des Angonis, tracées à cet endroit par la petite rivière Donda et le mont Foulankoungo, et, comme nous avons dévié légèrement vers le nord-ouest depuis Mouana-Maroungo, nous nous trouvons dans la partie est du pays de Tchipéta et de Missalé. J'ajouterai que la plupart des points de ce parcours pour ne pas dire tous, sont nouveaux pour la géographie, et qu'aucun Européen n'avait passé par là avant nous.

Nous reprenons la suite et la fin de l'exploration du pays des Magandjas qui dura presque jusqu'à la fin de l'année 1892; elle avait pour théâtre, cette fois, le centre, ou pays de Mikorongo. C'est là que la population est le moins clair semée.

Les bassins de la Moanza et de la Mkombedziia-fodia exceptés, cette région est aride et privée d'eau pendant la plus grande partie de l'année: c'est ce qui explique l'agglomération de la population sur le bord de ces rivières, tandis que le reste du pays est à peu près désert.

C'est à Mikorongo, une des plus grandes villes indigènes de la région, que vivait Tchibissa, le roi des Magandjas, dont parle Livingstone, et qu'à l'époque de notre passage se trouvait le descendant direct du souverain légitime des Magandjas de l'intérieur.

(1) *Kamouankoukou* : le bec de poulo.

Il n'entre dans le cadre de mon récit aucune considération politique, et je m'abstiendrai de critiquer quoi que ce soit. J'étais un simple voyageur qui traverse la région et qui prend les choses et les gens comme ils sont; néanmoins, je dois dire que j'ai assisté, pendant mon séjour dans ce pays, à d'incroyables abus de pouvoir de la part des agents subalternes du gouvernement local. J'ai le regret d'ajouter qu'ils n'ont pas été désavoués.

Le pays de Mikorongo est couvert d'une végétation épaisse, ce qui lui a peut-être valu son nom (1). Avant la carte que j'en ai dressée en 1892, toute la région située entre le Chiré et le Zambèze, était totalement inconnue; les gens de Mikorongo n'allaient pas du côté de Zambèze, étant en très mauvaises relations avec les peuplades riveraines. J'ai fait le voyage de Mikorongo à Tête et de Kapako à Tête à travers des territoires où il n'existait pas un sentier indigène sur un parcours de cent quinze kilomètres! Nous avons eu, chaque fois, à nous créer un passage dans la jungle, allant à la boussole, un peu au jugé d'abord, car notre position par rapport à Tête était très incertaine; plus tard, je pus placer exactement les deux points et tracer la ligne droite qui est représentée aujourd'hui par un chemin qui va du Chiré à Tête (2) et où on vient d'installer récemment le télégraphe. Ce travail a été entrepris par les Anglais d'un côté et les Portugais de l'autre.

Ce télégraphe et cette route sont les premiers jalons de la politique future entre les deux puissances : ils commencent par indiquer entre le Nyassaland et le sud du Zambèze une ligne de communication qui réunit ainsi les territoires de la *Chartered Compagy* au Nyassaland, en attendant qu'on le joigne effectivement en acquérant d'une façon ou d'une autre les territoires en question.

Le Chiré gagnera toujours plus d'importance à mesure que la région se développera. Ce fleuve provient, comme on sait, de l'écoulement des eaux du lac Nyassa dans le Zambèze; il est malheureusement coupé au milieu de son cours par des rapides qui le décomposent, comme le Zambèze, en bas fleuve et haut fleuve : ces rapides, dits de Murchison, proviennent de ce que le fleuve passe sur les derniers contreforts de la chaîne où est située Blantyre.

A l'époque de l'année où j'ai visité les rapides, j'ai observé qu'ils n'étaient pas causés par une différence de niveau aussi grande que celle qui se rencontre à Kébrassa, mais bien par un fonds très accidenté où l'eau est tour à tour arrêtée ou précipitée.

Il m'a donc semblé qu'il n'était pas au-dessus de l'industrie humaine de supprimer, ou tout au moins d'améliorer ce passage difficile, tandis qu'à Kébrabassa cela nécessiterait des travaux

---

(1) *Karango* : bois sombre, forêt épaisse.
(2) Voir *Bibliothèque des Voyages*, n° 20, *le Lambèze*, par Paul Guyot.

hors de proportion avec les avantages qu'on pourrait en tirer.

D'un autre côté, à droite et à gauche des rapides de Murchison, la configuration du terrain est tout à fait propice à la construction d'une voie ferrée, presque en vue du fleuve. Il est même à souhaiter que l'on fasse usage de cette voie tout ouverte, au lieu de faire monter un chemin de fer à Blantyre pour le faire redescendre de l'autre côté, projet grotesque et qui est cependant étudié par des gens sérieux. Comme je l'ai déjà dit, Blantyre n'a aucun commerce qui justifie le passage d'une voie ferrée, et les quelques planteurs réunis ne payeront pas, avec tout le café qu'ils pourront expédier une fois l'an, la centième partie des frais. Au point de vue de l'agrément, il est certain qu'il serait fort avantageux de monter à cinq mille pieds en chemin de fer, au lieu de grimper avec ses jambes, comme je l'ai fait plusieurs fois, pendant les quarante et quelques kilomètres que représentent les détours et spirales de la route ; mais qui va payer ? Je me prendrai certainement pas d'actions de ce chemin de fer-là. Si la voie ferrée traverse la plaine ou des terrains menant directement de n'importe quel point de la côte au lac Nyassa, ce sera une excellente affaire qui tuera presque tout le transport par rivière, si long et si ennuyeux, et le cœur de l'Afrique sera relié au monde civilisé.

FEMME DE BLANTYRE.

En deçà des cataractes de Murchison, le Chiré ne baigne pas encore le territoire des Magandjas, mais bien celui des Angonis à l'ouest et des Yaos à l'est. La partie supérieure de son cours n'est ni plus ni moins navigable que l'autre, et, si ce n'étaient les rapides et quelques bancs où l'eau est très basse, on pourrait naviguer avec la même embarcation du Tchindi à l'entreé du lac Pamalombé, qui est la porte naturelle du lac Nyassa.

Pendant la fin de l'année 1892, je visitai les deux côtés du haut Chiré; d'abord Blantyre, Zomba, Matpé, Mlanjé et les environs. La rareté du gibier et la persistance des pluies me firent battre en retraite, d'autant plus qu'il n'y avait pas grand'chose à voir ni à noter à cette époque dans ces montagnes et ces vallées verdoyantes et humides : le cri du tinga-tinga (1) en a fait fuir la dernière antilope, et tous les nègres, élèves de la Mission, y sont impolis, impertinents et habillés à l'européenne, toutes

PORTEURS EN MARCHE.

choses insurpportables à un voyageur qui cherche du primitif.

Je m'enfuis donc sur la rive opposée, et, pénétrant dans le pays des Angonis, dont j'ai déjà parlé plus d'une fois, je m'avançai vers la résidence de Tchikoussi, avec l'intention de lui faire une visite et de me rendre compte de l'aspect du pays, que l'on m'avait décrit comme fort beau.

Cette direction était comprise sur mon itinéraire, et, mon intention étant d'aller encore plus loin, j'avais quitté définitivement Mikorongo, qui avait été pendant quelques mois mon campement principal, et d'où j'avais rayonné à peu près dans toutes les directions, pour visiter ce pays intéressant.

(1) C'est le nom que l'on donne, à Blantyre et dans le Nyassaland, aux porteurs de profession.

Nous franchîmes la chaîne dont j'ai parlé, qui forme la frontière naturelle des Angonis, et, coupant plusieurs fois sur notre parcours la route des caravanes arabes, nous pûmes enfin nous dire avec un soupir de soulagement que, au moins pour quelques jours, il n'y aurait plus de montagnes à escalader.

En effet, quelques molles ondulations, un terrain que l'on ne saurait mieux comparer qu'à une mer houleuse, fait de petites éminences et de petites vallées, de creux et de bosses, un pays bien arrosé par des cours d'eau nombreux et parsemé çà et là de collines de peu d'élévation, tel est en quelques mots l'aspect du pays des Angonis.

Pour la première fois, depuis le Zoulouland et le pays de Gaza, nous pûmes acheter du lait de vache aux indigènes et refaire un peu nos forces avec ce précieux aliment.

Le voyage à travers le pays des Angonis m'apprit beaucoup de détails géographiques intéressants et qui complètent sur les cartes des espaces restés en blanc. Ainsi, nous rencontrâmes successivement la Tsoumba, la Tamba, la Rivisé, toutes trois affluents du haut Nkondedzi (1), la Karchirónga, le Niabsipoulo, le Lirongoué et le Lissouri, quatre rivières qui se jettent dans le Nidipé, un fleuve assez important qui, courant à peu près ouest-sud-ouest est-nord-est, va se jeter dans le lac Nyassa. Le fleuve et ses quatre affluents sont également nouveaux pour la géographie de la région.

Quelques groupes montagneux se détachent de la grande chaîne qui borde dans le lointain la rive droite du haut Chiré, et au milieu de l'un d'eux, près du Lissouri et du Nidipé, est le mont Domoué, portant le village de Ndedza, résidence du roi Tchikoussi, à un jour de marche de la rive sud-ouest du lac Nyassa.

Le roi n'y était pas lors de mon passage ; il faisait lui-même un voyage sur les frontières de Mpéséni, son voisin de l'ouest. Mais son ministre, Tchiparandjéra, étant à Tête, à peu de distance, j'allai lui demander des porteurs pour remplacer les miens qui, partis de Mikorongo, refusaient d'aller plus loin. Il me donna ce que je lui demandais, moyennant un cadeau, bien entendu, et je pus enfin contempler deux jours après les rives pittoresques d'un des grands lacs africains.

Avant de quitter le pays des Angonis, j'ajouterai qu'au point de vue ethnographique, je n'y ai rien remarqué de particulier. Dans cette région, pourtant, les femmes sont ornées du pelélé, ce précieux embellissement de la lèvre supérieure. Il y prend des proportions énormes, chez les vieilles femmes surtout : il dépasse souvent le diamètre d'une pièce de 5 francs, ce qui fait que, quand elles sourient (?), non seulement elles découvrent leur lèvre supé-

(1) Le Nkondedzi se jette dans le Revougoué, à trente kilomètres du Zambèze, après avoir arrosé l'est du pays de Makanga.

rieure, mais au milieu du cercle renversé sur leur visage on voit le nez entier. C'est tout à fait gentil!

« Ces dames se couvrent aussi de verroteries, dont quelques morceaux atteignent la dimension d'un œuf de pigeon et semblent même vouloir l'imiter : un collier d'œufs de pigeon bleus, verts ou jaunes, d'énormes ronds aux oreilles dont les lobes déformés atteignent le même développement que la lèvre, une tête rasée et la bouche que j'ai décrite montrant des dents noires, telle est la parure d'une dame du lac.

Les hommes n'ont rien conservé des anciens Zoulous; on assure que les chefs seuls en parlent encore la langue avec le roi. L'esclavage domestique, celui qui augmente la famille, se rencontre chez les Angonis presque partout. Il n'y a pas de malheureux dans ce pays où tout le monde travaille, particularité qui fait un contraste frappant avec la fainéantise et la misère des voisins, les Magandjas et les sujets de Mpéséni.

Les Angonis sont, par excellence, cultivateurs et pâtres; non seulement ils mettent en valeur de vastes cultures chez eux, mais encore ils se déplacent et viennent travailler pendant plusieurs mois de l'année dans le Nyassaland pour un salaire modique qu'ils économisent et rapportent dans leur pays à leur retour. Leur sobriété est remarquable : pendant leurs mois d'exil volontaire, ils vivent uniquement avec du maïs sec, rôti à même sur une feuille de fer-blanc, et on ne les rencontre jamais sans un lambeau de boîte de conserve emmanché dans un morceau de bois fendu, ce qui résume leurs ustensiles domestiques.

Revenus chez eux, ils achètent avec leurs économies quelques têtes de bétail, s'ils sont libres; s'il ne le sont pas, ils remettent le produit de leur travail à leur maître, et celui-ci leur en abandonne une partie.

On pourra faire quelque chose d'utile et de durable dans un pays comme celui-là, mais je ne crois pas que la force réussisse jamais. L'indigène qui se suffit à lui-même et qui est heureux chez lui a toujours plus d'indépendance que celui auquel l'Européen apporte le bien-être, et ceux qui colonisent devraient distinguer l'homme pour lequel la civilisation est simplement un bienfait de celui qui deviendra pour elle un puissant auxiliaire. L'un et l'autre doivent être traités différemment.

II

Deux mots maintenant sur la topographie du lac Nyassa.

Sa longueur est d'un peu plus de trois cents soixante milles, et sa plus grande largeur de soixante. Il affecte la forme d'une immense langue d'eau, allant nord-sud, mais dont la partie supé-

— 24 —

rieure incline légèrement vers l'est. Sa profondeur est parfois considérable, et les vents agitent sa surface comme une mer ; ses eaux, très transparentes et très belles en certains endroits, deviennent sombres très souvent, et de grosses lames déferlent sur ses plages. Son état, habituellement agité, lui avait mérité de Livingstone le surnom de « lac des Tempêtes ». L'altitude de la région en fait un

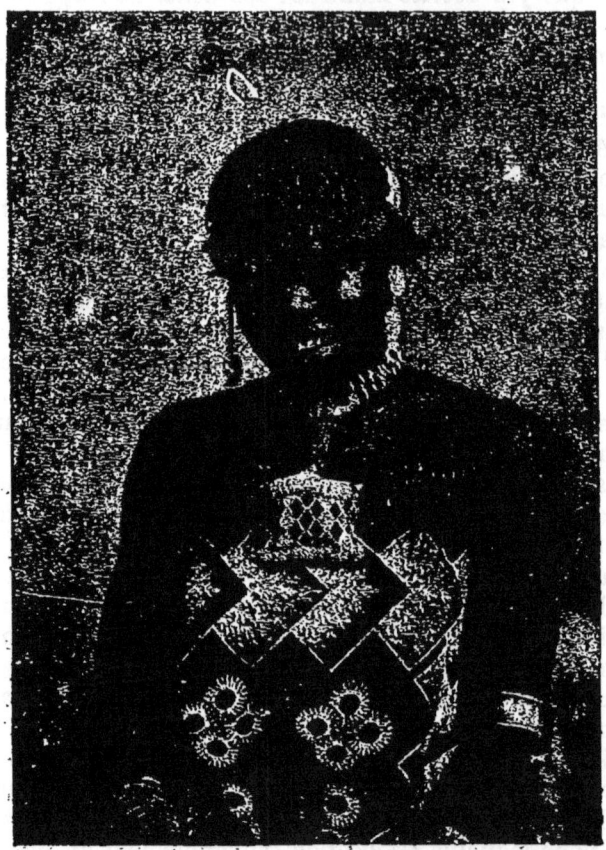

FEMME INDIGÈNE DE L'AFRIQUE AUSTRALE.

des plateaux saillants du centre de l'Afrique ; il est donc naturel que les vents s'y fassent sentir souvent et avec violence.

Seuls, les navires de gros tirant d'eau peuvent y naviguer, ce qui obligera les colons de l'avenir à avoir deux genres de bâtiments bien distincts dont les uns, ne calant pas plus de trente à quarante centimètres, s'arrêteront à l'entrée du Chiré, et là, ceux du lac, calant plus d'un mètre cinquante, commenceront leur navigation (1).

(1) Quelques milles après être sorti du lac Nyassa, le Chiré se répand en un

On prétend que les eaux du Nyassa, après avoir baissé pendant une dizaine d'années, augmentent sensiblement de nos jours. Il y a actuellement sur le lac un petit vapeur, le *Domira*, appartenant à une importante maison anglaise, l'*African Lakes Company*, et deux canonnières anglaises. Il y avait quelques boutres arabes, mais il paraît qu'il n'en reste plus, le dernier de ces bâtiments, exclusivement consacrés à la traite des esclaves, ayant été capturé récemment par les canonnières. Le chemin des caravanes arabes venant de l'ouest avec leurs esclaves s'en trouve allongé : privées du moyen de traverser le lac, elles en feront le tour en passant soit au nord, soit au sud. Quant à supposer qu'en capturant trois ou quatre vieux bâtiments sans importance, les autorités locales auront un instant arrêté la traite des esclaves, c'est un leurre. Ce négoce dure depuis des siècles. Il continue comme par le passé, ayant un peu moins ses aises, je l'accorde, mais tout aussi activement qu'autrefois, en dépit des postes anti-esclavagistes, en dépit des obstacles qu'essayent de lui susciter les nations civilisées.

Pour empêcher la traite dans l'Afrique centrale, il faudrait, de jour et de nuit, un agent de police à tous les cent pas, au coin de chaque bois. Ou bien alors — aux grands maux les grands remèdes ! — qu'on emploie tout l'argent de l'anti-esclavagisme à subjuguer l'Arabe et à l'empêcher d'avoir des esclaves, et on aura plus fait pour la traite en quelques années que depuis le commencement du siècle.

Que diriez-vous si on établissait un poste de gendarmerie dans les Cévennes pour surveiller une route soi-disant suivie par les voleurs, si ce poste était le seul pour toute la France ? Peut-être les voleurs, ignorant l'arrivée de la maréchaussée, se montreront-ils une fois, et encore ils seront deux cents, tandis que le poste ne compte qu'une dizaine d'hommes sur la route en question. La prochaine fois, ils auront bien soin de passer ailleurs, car la France est grande par rapport au kilomètre carré qui est surveillé ; bientôt les gendarmes, ne voyant plus de voleurs, rendront compte qu'il n'en existe plus à leur connaissance et qu'ils n'en entendent plus parler : l'ordre public sera assuré, et le pouvoir se félicitera d'avoir arrêté le fléau !

NATUREL DU NYASSALAND.

petit lac qui se nomme Pamalombé ; il reprend ensuite son cours ordinaire. Le lac Pamalombé n'est guère plus profond que le fleuve.

Tel est le cas pour l'anti-esclavagisme en Afrique, et je crois même que les postes ou empêchements effectifs de la traite sont encore plus clairsemés et moins efficaces par rapport à l'étendue de l'Afrique que dans l'exemple que je viens de donner pour la France. Je n'en admire pas moins, de tout cœur, les efforts que l'on fait dans ce but d'humanité; je déplore leur impuissance; mais j'ai vécu trop longtemps loin des centres occupés par des Européens pour ne pas savoir ce qui se passe réellement en dehors de la sphère de la civilisation : seul ou presque seul, et, par suite, en bonnes relations avec chacun, je passais sans éveiller les soupçons de personne, ce qui m'a permis d'écouter et d'apprendre bien des choses dont j'ai fait mon profit...

Je reprends maintenant la fin de ma description du lac, ou du moins de la partie que j'en ai vue.

Le pays avoisinant est réellement très beau. Je me rappellerai toujours le moment où, émergeant du sommet des collines qui bordent le lac à l'ouest, ayant le Nidipé à mes pieds, je découvris pour la première fois le Nyassa. Mon émotion fut profonde, bien que je fusse préparé depuis plusieurs jours déjà à contempler cette mer intérieure, car tout eût fait croire que nous étions sur les bords de l'Océan : quoique trop loin pour voir les vagues, on les devinait par l'aspect terne des eaux, par le vent qui courbait les arbres, par les grands nuages gris qui projetaient leurs ombres immenses et mouvantes sur le panorama que nous contemplions.

Le lac Nyassa! C'était le but du voyage, le couronnement du devoir accompli en conscience! J'avais derrière moi vingt-cinq mois de fatigues, de déboires, de privations; mais j'oubliais mes peines et la maladie (car j'étais loin de me bien porter), pour me réjouir d'avoir enfin atteint mon but.

Le pays que nous avions traversé depuis la résidence de Tchikoussi, ainsi que celui qui se présentait devant nous, est merveilleusement propice à la culture. De nombreux petits ruisseaux, dont quelques-uns au cours fort pittoresquement orné d'une végétation luxuriante, apportent la fraîcheur et la vie à un terrain peu accidenté, parsemé çà et là de bouquets d'arbres et de petites éminences.

En face de nous, au large du lac, à une quinzaine de milles environ vers le sud-est, on apercevait la terre environnée des brumes du matin : c'était le cap Maclear, où est établie la station de missionnaires écossais qui s'appelle Livingstonia. A nos pieds, quelques îlots plus ou moins couverts de végétation, paraissant inhabités; à notre gauche, un pic éloigné, le Rtfou, je crois.

L'embouchure seule du Nidipé est signalée sur quelques cartes sous le nom euphémique de Lintipé; son cours était, comme je l'ai dit, à peu près inconnu.

Trois jours de marche autour de la pointe sud-ouest du lac

nous menèrent à Mponda, grand village situé entre le lac Pamlombé et le lac Nyassa, mais sur le bord de celui-ci. La forme de l'extrême sud du lac affecte vaguement celle d'une botte à haut talon, formant par conséquent un premier golfe que nous avions contourné, un cap où est Livingstonia et un autre golfe dont l'extrémité sud, celle où est Mponda, a reçu le nom de Monkey Bay. A quelque distance de Mponda, nous installâmes notre camp et nous prîmes quelques jours de repos.

L'expédition était alors réduite à sa plus simple expression : mon guide était fatigué, amaigri, usé; les Arabes avaient laissé onze des leurs en route, victimes des échauffourées d'Oundi, des fièvres, de la petite vérole et surtout de la dysenterie. Moi-même, j'étais affaibli : j'avais souffert de forts accès de fièvre à plusieurs reprises, et si j'ai épargné au lecteur le détail de toutes ces misères, c'est pour ne pas avoir l'air de chercher à l'apitoyer sur notre sort. L'état de notre santé était la conséquence naturelle de la vie que nous avions menée : couchant sans châlits sur la terre humide dans des tentes en lambeaux qui ne nous garantissaient ni de la pluie ni du soleil, vêtus de morceaux de peau et de toile de tente, chaussés d'espadrilles que nous avions faites nous-mêmes avec du cuir d'antilope, nous ressemblions à de véritables mendiants. Si j'ajoute que notre costume s'était toujours composé, bon ou mauvais, d'un pantalon allant jusqu'aux genoux, d'une chemise sans manches et d'un casque, on se figurera l'état de nos bras et de nos jambes.

Dans les régions où nous arrivions, ce costume faisait contraste avec celui des Européens résidant dans ces endroits, qui se seraient crus déshonorés s'ils n'avaient pas eu une cravate de soie claire autour du col de leur chemise de flanelle; beaucoup d'entre eux sont toujours soigneusement rasés, portent des bagues aux doigts et ont des chaussettes de soie.

Je crus devoir me tenir prudemment à l'écart, ayant appris à Blantyre, quelques mois auparavant, que l'on jugeait habituellement les gens sur la mine. J'étais allé à la future capitale du Nyassaland pour acheter quelques articles de provisions dont je manquais, et, n'y connaissant personne, ou fort peu de monde, je comptais loger sous ma tente : de plus, comme il y a quarante kilomètres de Katounga (bord du Chiré) à Blantyre, et que c'est une ascension fort dure malgré la route tracée et les massoucos (1) que l'on mange en route, j'avais naturellement pris le costume de marche que j'ai décrit plus haut. Je rencontrai en chemin plusieurs voyageurs en machilla (hamac) qui répondirent avec étonnement à mon salut poli. En arrivant dans la ville, si toutefois les quatre ou cinq maisons éparses à cette époque sur des collines

---

(1) Fruit indigène ayant quelque rapport avec la nèfle.

méritaient ce nom, je décidai de ne faire mes achats que le lendemain, et je m'informai de l'endroit où je pourrais planter ma tente. Je dus pour cela entrer dans plusieurs habitations : chaque fois, on me toisa curieusement de la tête aux pieds et on répondit à ma question avec l'air que l'on prend quand un fâcheux vient vous emprunter de l'argent. C'était l'heure du thé, et jamais un Anglais ne reçoit un visiteur à cette heure sans lui en offrir une tasse. Je l'avoue, fatigué comme je l'étais, j'eusse accepté avec plaisir de me réconforter; mais on se garda bien de rien m'offrir, et on resta debout jusqu'à ce que je fusse parti. Ayant choisi pour camper un endroit sur les bords du Moudi, ruisseau qui traverse la ville, je pus boire bientôt une tasse de thé qui ne devait rien à personne. Inutile de dire que, le lendemain, après plusieurs bains,

REPAS D'INDIGÈNES.

vêtu d'un costume de piqué blanc bien propre, et désormais méconnaissable, je fus reçu partout avec politesse et affabilité : j'eusse pu boire, l'eussé-je désiré, non seulement plusieurs tasses de thé, mais aussi de nombreux wisky-and-sodas. Or, comme en arrivant au lac Nyassa il y avait longtemps qu'il ne nous restait plus un vestige de vêtement blanc quelconque, nous nous sommes abstenus d'aller voir personne prendre le thé.

Nos projets, à cette époque, étaient de continuer notre chemin par le nord-est du lac jusqu'à Zanzibar, ou, si nous ne pouvions absolument pas y arriver pour cause de force majeure, jusqu'à la Rovouma, que nous comptions descendre jusqu'à un port de la côte.

A cette époque, le sud-ouest du lac Nyassa était le théâtre des exploits de pillards dans le genre des Mafsitis. Cette fois, c'étaient les Mangouangouaras, que l'on prétendait parents des Angonis et par conséquent anciens Zoulous; c'étaient aussi des roitelets de race yaos, gens fort déplaisants, ma foi, qui se battaient entre eux à propos d'une vieille affaire. Il s'agissait, si j'ai bien compris, d'esclaves enlevés par l'un des chefs à l'autre. Les gens que Mponda nous donna refusèrent d'aller de ce côté, prétextant que les chefs yaos les vendraient comme esclaves, s'ils tombaient en leur pouvoir. Ils consentaient bien à partir avec nous, mais c'est le retour qui, disaient-ils, leur coûterait la vie.

Je ne pouvais pourtant pas revenir sur mes pas pour les ramener

INDIGÈNE DE L'AFRIQUE AUSTRALE.

chez eux. De guerre lasse, je m'adressai aux Yaos eux-mêmes. Personne ne consentant à aller les trouver, je m'y rendis moi-même, mais j'essuyai encore là une fin de non-recevoir : aucun des chefs ne voulut me donner les cent vingt hommes qui m'étaient nécessaires, chacun craignant qu'ils ne fussent pris par son adversaire ou, s'ils en réchappaient, qu'ils ne tombassent à leur retour au pouvoir des Mangouangouaras, dont il fallait traverser le territoire.

J'offris jusqu'à quatre fois le prix ordinaire, plus un cadeau au roi, ce qui faisait environ 22 francs par homme pour les cent quatre-vingts milles qui nous séparaient de la Rovouma. Les yeux leur sortirent presque de la tête à l'idée du payement, mais la peur l'emporte sur la cupidité des indigènes; sauf sept ou huit individus qui ne craignaient ni Dieu ni diable et que je trouvai prêts à marcher, tout le monde refusa mes avances.

Je tentai cependant un nouvel effort : je pris six des hommes qui se présentaient et je les envoyai avec un Arabe demander des porteurs aux Mangouangouaras. Malgré la promesse de cadeaux nombreux, ils répondirent qu'ils ne pouvaient aller ni chez les Yaos au sud, ni chez les Makoas au nord, parce qu'ils étaient en guerre avec les uns et les autres.

L'Arabe, selon mes instructions, poussa plus loin encore, mais il revint après vingts jours d'absence sans avoir obtenu le moindre résultat.

Ces vingt jours d'attente nous avaient fait beaucoup plus de mal que vingt jours de marche. Habitués à une altitude beaucoup plus basse, nous avions été saisis par la différence de climat de ces hauts plateaux, et chacun de nous avait eu des fièvres violentes.

Des renseignements pris, il résultait que j'aurais au nord autant de difficultés que j'en rencontrais pour me rendre au sud du lac Nyassa à la côte. Alors, que faire? Ayant tenté en vain tout ce qui était en mon pouvoir, je décidai le retour par le sud, c'est-à-dire par le Chiré et le Zambèze.

Avant de quitter le Nyassaland, deux mots sur la culture du café (*coffea Arabica*), qui y prend chaque jour plus d'extension.

Une acre de terrain (1) se vend aujourd'hui environ 6 francs. Dans les collines du Nyassaland, d'après les calculs des gens du métier, il en coûte 200 francs pour la mettre en valeur. On y plante une moyenne de mille caféiers; total de la dépense : 206 fr. Ajoutons-y l'intérêt de ce capital à 5 pour 100 pendant deux ans : 20 fr. 60; soit 226 fr. 60. La troisième année, on compte que chaque caféier donne environ une demi-livre de café, ce qui fait deux-cent cinquante kilogrammes par acre. Le café du Nyassaland commence, paraît-il, à rivaliser sur les marchés avec les Antilles et vaut au bas mot 2 francs le kilogramme. Total du rendement : 500 francs. Retranchons 10 pour 100 pour les pertes et le déchet : reste 450 francs. Bénéfice net par acre : 223 fr. 40, c'est-à-dire 100 pour 100 du capital.

Ces chiffres, pris à la meilleure source et calculés au maximum pour les dépenses et au minimum pour le rendement, expliquent le grand développement que la culture du café a pris dans ces pays pendant les dernières années.

(1) Mesure anglaise qui correspond à un carré ayant environ soixante-huit mètres de côté.

Si l'on ajoute que sur les montagnes, aux altitudes exigées par la culture du *coffea Arabica*, le climat est très supportable pour les Européens, on comprendra que la région attire de nombreux colons.

En dehors des plantations de café, quel développement n'est-on pas en droit d'attendre des pays magnifiques qui existent aux environs des lacs? Quelles ressources ne pourra-t-on pas en tirer? De tous côtés on ouvre des communications; dans quelques années, un chemin de fer traversera la contrée, et des locomotives passeront en mugissant là où autrefois, dans le silence des forêts, nous, les premiers pionniers, nous marchions tranquillement le fusil sur l'épaule.

Vers le mois de juin 1893, l'expédition était de retour à Mikorongo, après environ trois mois de pérégrinations, et je comptais me rendre dans le bas Chiré en longeant sa rive droite à travers un pays qui, à cette époque, était tout à fait inconnu des Européens. Comme je me suis attaché, dans ce rapide exposé de mon voyage, à décrire de préférence les régions dont nous avons été les premiers Européens à fouler le sol, je prierai le lecteur de m'accompagner encore une fois. Ce sera la dernière.

Quittant Mikorongo, vers le sud cette fois, nous allions couper à la boussole notre parcours vers Tchiromo. La distance à franchir, était, en l'estimant à vol d'oiseau, de cent vingt-huit kilomètres, c'est-à-dire environ six jours de marche.

La vallée de la Moanza, que nous eûmes à traverser, est très peuplée et bien arrosée. Elle a un aspect de prospérité qui ne se rencontre ailleurs que chez les Atché-Koundas; mais, à peine l'a-t-on quittée, qu'on se trouve dans une région diamétralement différente: aux plaines ondulées, couvertes de cucurbitacées, de maïs, de sorgho, de patates et de petites tomates indigènes, aux villages bruyants et gais, succèdent brusquement des gorges rocailleuses et des collines de même aspect, sans une goutte d'eau, sans un habitant. L'écoulement naturel des eaux forme bien quelques cours d'eau pendant la saison des pluies, mais il n'en reste plus trace dès le mois de mai, et c'est à peine si parfois, en creusant un trou dans leur lit, on voit suinter encore un peu d'eau à cette époque.

Les cynocéphales babouins, grands singes qui abondent dans ces pays, sont au courant de cette particularité. Aussi creusent-ils de ces trous eux-mêmes et abandonnent-ils le district dès qu'ils n'y trouvent plus de quoi se rafraîchir.

Sur les bords de la Mkombedzi-ia-Fodia, petite rivière qui se jette dans le Chiré à quelques milles de l'embouchure, nous campons chez Zéfa, un village gouverné par une femme. Ce fait est assez rare et particulièrement curieux chez des peuples qui considèrent la femme comme bien inférieure à l'homme. Nous n'y sommes guère habitués nous-mêmes, puisque nous n'avons pas de féminin correspondant aux mots chef, gouverneur, seigneur ou roitelet; le titre de « reine » est bien pompeux pour un misérable petit village de trente cases.

Quel que soit son titre, la vieille dame nous reçut fort bien, et, pour ne pas être en reste, je cherchai dans le cours d'une conversation à lui décrire un chemin de fer et à lui faire comprendre la prodigieuse différence qu'il y a entre la façon dont on voyage chez elle et chez nous.

Nous atteignîmes Tchiromo, où nous prîmes quelques jours de repos. De là nous gagnâmes Tchindi. Le paquebot nous y amena le 12 octobre. Le 29 nous repartions pour l'Europe, et le 16 décembre je rentrai à Paris, après une absence de trente-deux mois.

Edouard FOA.

ÉLÉGANT DE L'AFRIQUE AUSTRALE.

www.ingramcontent.com/pod-product-compliance
Lightning Source LLC
Chambersburg PA
CBHW070448080426
42451CB00025B/2020